CHRISTIAN DRELLER

Lisa, Fredi
und die Woche voller Abenteuer

Mit Bildern von Katja Wehner

Kennst du schon den Carlsen-Newsletter?
Einfach auf carlsen.de anmelden und kostenlos tolle Lesetipps erhalten!

©2022 Carlsen Verlag GmbH, Völckersstraße 14–20, 22765 Hamburg
Text: Christian Dreller | Illustrationen: Katja Wehner
Die Illustrationen zu diesem Werk wurden vermittelt
durch Paula Peretti Literarische Agentur, Köln
Lektorat: Marlen Bialek | Herstellung: Derya Yildirim
Lithografie: Buss & Gatermann GmbH + Co. KG, Hamburg

ISBN 978-3-551-52194-1
Carlsen-Bücher gibt es überall im Buchhandel und unter www.carlsen.de

INHALT

EIN SONNTAG
ZUM VERGESSEN

Und was machen wir heute?«, fragt Lisa. Gespannt guckt sie zu Mama, Papa und ihrem Bruder Fredi, die mit ihr am Frühstückstisch sitzen. In der Nacht hat ein heftiges Gewitter getobt – mit Donnerschlägen, die den Dachsbau zum Beben gebracht haben, und Regen wie aus Eimern. Aber zum Glück scheint nun wieder die Sonne. Die Vögel zwitschern und draußen vor dem Fenster liegt der Wald grün und ruhig da, als wäre nichts gewesen.

»WIE WÄR'S MIT EINEM PICKNICK AM TEICH?«, schlägt Mama vor. »Wer will, kann auch baden.«

Papa ist begeistert. »Super Idee! Ich back schnell noch einen Kuchen. Und nach dem Picknick besuchen wir Oma und Opa und bringen ihnen ein Stück vorbei. Die WALDSONNE liegt ja ganz in der Nähe.«

Fredi und Lisa gucken sich an. Das mit dem Picknick klingt cool, und das mit der WALDSONNE NOCH VIEL COOLER. So heißt nämlich das Heim für alte Tiere, in das Opa und Oma vor Kurzem gezogen sind, während in ihren alten Dachsbau jetzt eine Fuchsfamilie eingezogen ist. Die ist zwar sehr nett, aber dass Oma und Opa nicht mehr da wohnen, ist auch ein bisschen komisch. Umso schöner also, dass Fredi und Lisa die beiden nun zum ersten Mal besuchen können.

Wenig später will Papa gerade die Tür abschließen, als irgendwo von oben ein lautes »HALT!« ertönt, gleich gefolgt von einem: »STOPP!«

Alle recken die Hälse und dann sehen sie: Ophelia, Brieftaube und Waldpostbotin.

»Eilsendung!«, kreischt sie. Haarscharf schießt sie an der alten Buche im Vorgarten vorbei, streift einen Zweig und ... gerät ins Trudeln.

Vor Schreck halten alle die Luft an. Aber Ophelia schafft es gerade noch, eine Punktlandung auf dem Gartenzaun hinzulegen.

»Upsi«, japst sie und wischt sich mit einem Flügel über die Stirn, während sie einen Brief aus ihrer Umhängetasche fischt. »Ganz schön knapp.«

Mit diesen Worten drückt sie Papa den Brief in die Hand und flattert schon wieder davon.

Eine Eilsendung am Sonntag: kein gutes Zeichen!

»Mensch, Papa!«, drängt Fredi. »Nun mach schon auf.«

Mama und Papa beginnen zu lesen. Immer finsterer werden ihre Mienen.

»Ojoijoijoi«, meint Mama.

»Das kann doch nicht wahr sein!«, murmelt Papa.

»Was denn?«, ruft Lisa, die genau wie Fredi fast platzt vor Neugierde.

»Onkel Dedi und Tante Bibi brauchen Hilfe«, rückt Papa endlich mit der Sprache raus.

»DER REGEN GESTERN NACHT HAT IHREN BAU VÖLLIG ZERSTÖRT«, fügt Mama hinzu. »Alle Gänge sind vollgelaufen. Sie haben uns sogar ein Foto geschickt.« Mama hält es ihnen hin. Auf dem Bild stehen Dedi und Bibi vor einem traurigen Matschhügel und gucken ganz unglücklich.

»Tja, so wie das aussieht, sind wir mindestens eine Woche weg«, reißt Papas Stimme die Kinder aus ihren Gedanken.

»Wohl eher ein Jahr«, will Fredi sagen, ganz enttäuscht, weil er sich so auf den Ausflug gefreut hat. Dann fällt ihm etwas ein. »Und was ist mit Lisa und mir?«

Papa und Mama überlegen nicht lange. »Denkst du auch, was ich denke?«, fragt Mama schließlich.

Papa nickt. »Glaube schon.«

GENERVT VERDREHEN FREDI UND LISA DIE AUGEN.

»Nun sagt doch«, brummt Lisa.

»Wir fragen Oma und Opa«, verkündet Mama.

»Super!«, ruft Fredi.

»Jippie, Oma und Opa kommen!«, jubelt Lisa und hüpft vor lauter Freude auf und ab.

»Äh«, räuspert sich Papa verlegen. »Ich dachte ... Eher andersrum.«

Fragend gucken Lisa und Fredi ihn an.

»Nicht sie zu euch«, hilft Mama ihnen auf die Sprünge.

Lisa kapiert als Erste. »W...wir sollen ins Heim?«, fragt sie.

»Genau!«, bestätigt Mama. »IHR ZIEHT FÜR EIN PAAR TAGE IN DIE WALDSONNE. Jedenfalls wenn das für Oma, Opa und Direktorin Eule in Ordnung geht.«

TIER ÄRGERE DICH NICHT!

Schwer bepackt mit Spielzeug, Kuschelkissen und ganz vielen anderen sehr wichtigen Sachen stehen Fredi und Lisa am nächsten Morgen vor der WALDSONNE.

»Krass!«, staunt Fredi.

»Wow!«, flüstert Lisa.

»Cool, oder?«, sagt Mama schmunzelnd.

Da können Lisa und Fredi nur nicken. So ein verrücktes Baumhaus haben sie noch nie gesehen. Es ist nämlich nicht ein Baumhaus, sondern es sind unglaublich viele: große, kleine, gelbe, blaue, rote und kunterbunte. Alle sind durch Gänge, Brücken, Treppen und Fahrstühle verbunden. Fast sieht es aus, als hätte jemand riesige Bauklötze im Baum ausgekippt.

QUIETSCH! RATTER! RUMPEL!

Aufgeregt zeigt Fredi auf einen der Fahrstühle.

»Guckt mal! Da kommen …«

»Oma und Opa!«, unterbricht ihn Lisa jubelnd.

Wie auf Kommando flitzen die zwei los. Kaum steigen Oma und Opa aus dem Fahrstuhl, werfen sie sich in ihre Arme.

»Boah«, lacht Opa. »Nicht so stürmisch mit den alten Dachsen!«

»Ihr seid doch nicht alt!«, ruft Fredi und drückt Opa ganz fest.

»Also, da bin ich mir nicht so sicher«, ächzt Oma. Sie ist ein wenig wackelig auf den Beinen und freut sich über Lisas lange Umarmung.

»Quatsch, Oma«, sagt Lisa. »Ihr seid höchstens ein bisschen … ein bisschen …«

»Angeschrumpelt?!«, schlägt Oma vor und alle prusten los.

Beim Abschied von Mama und Papa fühlen sich Fredi und Lisa dann doch irgendwie komisch. Kein Wunder, schließlich sind sie zum allerersten Mal eine ganze Woche von zu Hause weg.

»He«, versucht Opa die Kinder aufzuheitern, als ihre Augen plötzlich verdächtig glitzern, »wollt ihr euer Zimmer sehen?«

»Oh ja! Wir führen euch ein bisschen rum«, sagt Oma und fügt augenzwinkernd hinzu: »Ihr werdet sehen: Nirgends kann man so gut Verstecken spielen wie hier.«

Grinsend gucken Fredi und Lisa sich an. Oma und Opa spielen Verstecken? Doch ehe sie nachfragen können, setzt sich der Fahrstuhl mit solchem Quietschen in Bewegung, dass die Vögel scharenweise aufflattern.

»DAS DING WIRD JA IMMER LAUTER«, stöhnt Oma.

Opa nickt. »Am besten sagen wir gleich Frau Eule Bescheid.«

Als hätte sie das gehört, kommt ihnen oben auch gleich schon Frau Eule entgegengetippelt.

»Herzlich ... HU-HU! ... willkommen«, begrüßt sie Fredi und Lisa. »Eure Großeltern haben ja so viel von euch erzählt. Die Spielrunde kann es gar nicht erwarten, dass ihr mitmacht. Und Frau Kranich will euch so gerne ... HU-HU! ... Flugunterricht geben ...«

Fredi und Lisa sind so baff, dass sie von Frau Eules Gehue gar nichts mehr mitbekommen.

FLUGUNTERRICHT?! Vorsichtshalber will Fredi nachfragen.

Aber da sagt Opa, dass der Fahrstuhl echt komische Geräusche macht. Woraufhin Frau Eule zwischen aufgeregten HU-HUS versichert, dass sie sich gleich darum kümmern wird. Hastig verabschiedet sie sich.

»Also«, meint Opa dann. »Auf geht's!«

Zu viert machen sie sich auf den Weg: geradeaus, nach links, rechts, wieder links, nach oben, unten. Durch Gänge und Treppenhäuser und mit Fahrstühlen. »Das ist ja wie in einem Labyrinth«, staunt Fredi, als sie wieder mal vor einem Aufzug warten.

»Sag ich doch.« Oma lächelt. »Ideal zum Verstecken spielen.«

Nun will Lisa es aber wissen. »Spielt ihr echt Verstecken hier?«

»Na ja«, antwortet Opa, »sozusagen – manche Tiere, die hier wohnen, vergessen immer wieder mal, wo sie sind, und verlaufen sich.«

»Dann suchen entweder die Helfer und Helferinnen nach ihnen«, fährt Oma fort und zeigt auf eine junge Dachsfrau, die ihnen im Vorbeigehen freundlich zunickt, »oder eben wir.«

»Ihr?«, fragt Lisa verblüfft.

»Nicht nur wir beide«, sagt Opa, als könnte er Gedanken lesen. »HIER HELFEN SICH ALLE GEGENSEITIG.«

»Und alle geben ihr Bestes«, fügt Oma hinzu.

Das hört sich gut an, finden Fredi und Lisa. Wie zum Beweis kommen ihnen kurz darauf vier Tiere entgegen: ein alter Biber im Rollstuhl, den ein hinkendes Wildschwein schiebt, und eine Elster, die mit lautem KLACK! KLACK! an einem Gehstock dahinstelzt, gestützt von einem graupelzigen Hasen.

19

Mit großem Hallo begrüßt die Gruppe Oma und Opa, die ihnen stolz Fredi und Lisa vorstellen.

»Freut mich!«, keckert die Elster. »Ich bin Gerti.«

»Bodo!«, begrüßt sie der Biber strahlend.

»Morton«, stellt sich der Hase vor.

»Erwin«, sagt das Wildschwein und fügt hinzu. »Ich kann mit den Ohren wackeln!«

Kichernd sehen die Kinder zu, wie Erwin seine Ohren wackeln lässt, ehe die Gruppe winkend weiterzieht.

»Macht der das immer?«, gluckst Lisa.

»Wen meinst du?«, fragt Opa. »Erwin?«

Lisa nickt.

»Ja, unser Erwin ist ein super Ohrenwackler«, lächelt Opa.

»Ganz schön komisch«, meint Fredi.

»Wieso?«, hakt Oma nach. »Macht ihr das nie?«

Verdutzt gucken Fredi und Lisa sich an. Doch, schon, aber das ist doch etwas anderes, oder?

»Bei manchen Tieren hier«, erklärt Oma beim Weitergehen, »funktioniert der Kopf anders als früher. SIE VERGESSEN, WAS GERADE PASSIERT IST, WO SIE SICH BEFINDEN ODER WIE ALT SIE SIND. Dafür wissen sie genau, was früher war und was sie als Kinder gerne gemacht haben. Erwin, zum Beispiel, hat in der Kita immer alle mit Ohrenwackeln zum Lachen gebracht.«

»Und das macht er jetzt einfach in der WALDSONNE«, überlegt Fredi laut.

»Weil er es toll findet, dass er das noch so gut kann, und die anderen sich darüber freuen«, fügt Lisa nachdenklich hinzu.

»Ganz genau«, sagt Opa. »Erwin lebt in seiner eigenen Zeit. Das wirkt vielleicht zuerst komisch, aber es ist nicht schlechter als unser Leben. Nur anders.«

Dann haben sie ihr Ziel erreicht. Rasch zeigen Oma und Opa ihnen ihr Zimmer, bevor es auch schon Mittagessen gibt.

Der Speisesaal ist groß und hell. Mehrere Tische stehen dort, an denen schon viele Tiere sitzen, während Helferinnen und Helfer eifrig das Essen verteilen. Fast wie im Restaurant, echt cool!

»Hallo, hierher!«, ruft da jemand. Es ist Bodo. Aufgeregt winkt er ihnen von einem aus Tisch zu, wo außerdem Gerti, Morton und Erwin sitzen. Vier Plätze sind noch frei.

»Hallo, ich bin Erwin!«, strahlt Erwin, als sie sich zu ihnen setzen.

»Aber Erwin«, sagt die Elster. »Das wissen sie doch schon.«

»So?«, grunzt Erwin. Kurz sieht er etwas traurig aus, doch schon hellt sich sein Gesicht wieder auf. »Ich kann mit den Ohren wackeln!«, verkündet er und zeigt, was er kann. »Ihr auch?«

»Klar!«, grinst Lisa. »Guck mal!«

»Und ich erst!«, ruft Fredi und legt los.

Im Nu ist am Tisch ein munterer Wettbewerb entbrannt. Das macht so viel Spaß, dass sie beinahe das Essen vergessen. Lisas Magen knurrt laut, Erwin wird lachend zum Sieger gekürt und dann stürzen sich alle auf den leckersten Möhren-Kartoffel-Eintopf aller Zeiten.

Plötzlich jedoch legt Erwin seinen Löffel hin und blickt sich um. »GIBT ES SONNE IM MUND?«, fragt er und guckt Lisa erwartungsvoll an.

»Hä?«, sagt Lisa, die nicht kapiert, was er meint.

Lächelnd zeigt Oma auf eine Karaffe. »Erwin möchte Orangensaft«, erklärt sie. »Könntest du ihm etwas einschenken?«

»Klar«, sagt Lisa und füllt Erwins Becher. Mit leuchtenden Augen nimmt Erwin ihn entgegen. GLUCK-OJINK-GLUCK erschallt es am Tisch, dann setzt Erwin den leeren Becher wieder ab. »Lecker«, grunzt er. »Danke!«

Am liebsten würden Lisa und Fredi gleich fragen, warum Orangensaft für Erwin nicht einfach Orangensaft ist. Aber weil das vor allen vielleicht blöd für ihn ist, warten sie, bis sie mit Oma und Opa wieder alleine sind.

»Tja«, erklärt Opa dann. »Erwin kann mit Namen für Dinge, wie wir sie benutzen, nichts mehr anfangen.«

»WEIL ER SIE STÄNDIG VERGISST?«, fragt Fredi.

»Genau!«, erwidert Opa.

Lisa runzelt die Stirn. »Und warum ist SONNE IM MUND besser?«

»Weil es schöne Gefühle und Gedanken weckt«, antwortet Oma. »Die helfen Erwin beim Erinnern und Zuordnen.«

»Außerdem ist die Sonne ja gelb«, fällt Fredi ein. »Genauso wie Orangensaft.«

»Sonne im Mund klingt eigentlich viel schöner«, überlegt Lisa. »Irgendwie geheimnisvoll.«

Das finden Oma, Opa und Fredi auch! Also denken sie sich gemeinsam neue Namen für leckere Sachen aus, während sie durch die Waldsonne spazieren.

»Erdbeeren?«, fragt Lisa.

»Morgenrot im Mund«, schlägt Opa vor, was alle super finden.

»Schokolade«, sagt Oma.

»Kacka im ...«, platzt Fredi heraus und kriegt sich vor Kichern schon nicht mehr ein.

»Oah, du bist so ein Blödmann«, stöhnt Lisa.

»Tschuldigung«, meint Fredi und schlägt vor: »Party im Mund.«

»Na also, geht doch«, lacht Opa. »Sehr gut!«

Opa und Oma biegen in einen offenen Raum ab. Dort sitzen viele Tiere und spielen miteinander: einige Karten, andere Kniffel, Memory, Malefiz oder Schach.

»Montagnachmittag ist Spielrunde«, erklärt Oma. »Opa und ich spielen am liebsten TIER ÄRGERE DICH NICHT!« Sie zeigt auf einen Tisch, an dem eine Hamsterdame sitzt.

»Hallo, hierher!«, ruft sie. »Ich hab schon aufgebaut.«

»Das ist Harriet, unsere Tier-ärgere-Dich-nicht-Partnerin«, stellt Opa die Hamsterdame vor, als sie sich zu ihr setzen.

»Wie schön, dass ihr mitspielt!«, haspelt Harriet drauflos, während ihre Tasthaare vor Aufregung zittern. »Zu fünft können wir auf dem großen Feld spielen. Hach, wird das ein Spaß.«

Mit Feuereifer sind alle bei der Sache – bis Fredi Harriet rausschmeißt.

»Du bist leider raus!«, ruft er und lächelt Harriet freundlich an.

Wie auf Knopfdruck erlischt das Strahlen in Harriets Augen. Dicke Tränen kullern ihr die Hamsterbacken hinab. »D...das ist so gemein«, schluchzt sie.

»A...aber, was hab ich denn getan?«, stottert Fredi.

»Alles gut, Harriet!«, sagt Opa, während Oma ihr tröstend die Pfote tätschelt. »Unsere Reimregel gilt natürlich auch auf dem großen Feld. Stimmt's, Fredi?«

Stirnrunzelnd gucken sich Lisa und Fredi an. REIMREGEL? WAS SOLL DAS DENN SEIN?

»Harriet darf noch mal würfeln«, erklärt Opa, »und einen Reim auf die gewürfelte Zahl finden, damit sie nicht raus muss.«

»Hier, meine Liebe«, redet Oma sanft auf Harriet ein und gibt ihr den Würfel. Schlagartig kehrt das Strahlen in Harriets Augen zurück. Sie würfelt eine Drei.

»Eins, zwei, drei, ich komm frei!«, jubelt sie und ist wieder ganz die Alte. Wie sich herausstellt, ist Harriet sogar ein richtiges Reimgenie und einfach nicht rauszuschmeißen. »Fünf – ich mach mich auf die Strümpf«, heißt es wenig später oder »Eins – heißt Rausschmiss keins«.

Manche Reime klingen schon ein bisschen komisch, finden Fredi und Lisa. Aber am Ende macht ihnen Tier ärgere Dich nicht mit Reimeregel viel mehr Spaß als ohne. Fredi findet das Spiel sogar richtig super, obwohl ihm einmal absolut kein Reim auf Sechs einfällt und Harriet ihn rausschmeißt. Viel zu schnell sind schließlich der Spielnachmittag und der erste Tag in der Waldsonne vorbei.

Gemütlich kuscheln sich Lisa und Fredi ins Bett, während Oma und Opa ihnen noch eine Gutenachtgeschichte erzählen. Kaum ist sie zu Ende, da fallen den beiden auch schon die Augen zu. Lisa träumt schon vom Ohrenwackeln, von Sonne im Mund und Reimregel. Fredi jedoch kommt ganz kurz noch das Wort FLUGUNTERRICHT in den Sinn. »Gleich morgen frag ich«, murmelt er. Dann schläft auch er tief und fest.

SPEKULATIUS IM JUNI

Am nächsten Morgen hat Fredi die Flugsache wieder vergessen. Gähnend schlägt er die Augen auf … und ist plötzlich hellwach. Moment mal, das ist doch nicht sein Zimmer! Ein unheimliches Rauschen ertönt vorm Fenster. Erschrocken blickt Fredi hinaus und seufzt erleichtert: nur Äste und Blätter, die sich da draußen im Wind wiegen. Eichenblätter.

Als im nächsten Moment ein lautes QUIETSCH! RATTER! RUMPEL! das Rauschen übertönt, weiß Fredi endgültig wieder, wo er ist: in der Waldsonne bei Oma und Opa.

Offensichtlich hat noch keiner den Fahrstuhl repariert. Gerade fragt Fredi sich, wo Lisa wohl steckt, als seine Schwester auch schon zur Tür hereingeplatzt kommt.

»AUFSTEHEN, SCHLAFMÜTZE!«, ruft sie. Sie hatte sich zu Oma und Opa ins Bett gekuschelt und steckt wie Fredi noch im Schlafanzug.

»Ich habe Megahunger!«, sagt Lisa. »Höchste Zeit fürs Frühstück, oder?«

In Rekordtempo ziehen sich die beiden an und stürzen dann so hastig hinaus, dass sie Oma und Opa um ein Haar umgerannt hätten.

»Hoppla!«, ruft Oma. »Ihr seid ja schon ganz schön fit!«

»Und ganz schön hungrig, oder?«, lacht Opa.

Ein leckerer Duft liegt in der Luft.

»Frische Brötchen!«, erklärt Oma. »Riecht das nicht toll?!«

Toll ist gar kein Ausdruck, finden Fredi und Lisa.

Im Speisesaal warten schon Bodo, Gerti, Morton und Erwin. Auf den Tischen stehen Körbe mit knusprig braunen Brötchen, Honig, Fruchtgelee und große Kannen Kakao – jedenfalls dem 1-A-Kakaobart um Erwins Mund nach zu schließen.

»Lecker, Schokolade im Mund!«, ruft er. »Ich bin Erwin. Ich kann mit den Ohren wackeln.«

Unter munterem Ohrenwackeln und Geplauder machen sich alle über das Frühstück her.

Als Oma, Opa, Fredi und Lisa satt und zufrieden den Speisesaal wieder verlassen wollen, rennt Frau Eule sie fast über den Haufen.

»Oh, Entschuldigung«, japst die Direktorin aufgeregt. »UNSER KOCH IST MIT EINER VERRENKTEN PFOTE ZUM ARZT und nun ist niemand fürs Mittagessen und den Nachmittagskuchen da. Ach, dieser Personalmangel macht mich noch fertig!« Unter hektischen Kopfgerucke sieht sie sich um. »Ah, da sind sie ja! Erwin, Beatrix, ich muss euch was fragen!«, ruft sie und stürmt so schnell davon, dass GLATT EIN PAAR DAUNENFEDERN FLIEGEN.

Mit offenem Mund starrt Fredi ihr nach. »Wer ist Beatrix?«

»Die Wieseldame da drüben«, erklärt Oma. »Sie hat früher als Konditorin gearbeitet und soll sich heute bestimmt um den Kuchen kümmern.«

»Äh, aber nicht Erwin wie unser Erwin, oder?«, fragt Lisa.

»Doch, klar«, erwidert Opa, als wäre das ganz selbstverständlich. »Der ist Koch. Und zwar ein sehr guter!«

Anscheinend machen Lisa und Fredi ein Gesicht, als würde »Tschüss, Mittagessen!« auf ihrer Stirn stehen, denn lächelnd fügt Oma hinzu. »Erwin oder Beatrix haben zwar mit der Gegenwart so ihre Probleme. Aber was sie früher gerne und häufig gemacht haben, können sie immer noch richtig gut. ALSO, KEIN GRUND ZUR SORGE.«

Ganz so zuversichtlich sind Lisa und Fredi nicht – erst recht nicht wie Frau Eule, die schon wieder aus dem Essenraum getippelt kommt.

»Alles geregelt!«, schuhut sie bester Laune. Die jedoch gleich wieder einen ordentlichen Dämpfer kriegt, als Opa sie an den quietschenden Fahrstuhl erinnert.

Vor Aufregung plustert Frau Eule ihre Federn so auf, dass sie fast wie ein Ball aussieht. »Herrje, das habe ich – HU-HU – gestern doch gleich veranlasst. Ich klär das«, verkündet sie und ist schon wieder weg.

»Die Arme«, seufzt Oma. »Wenn sie nicht mal langsamer macht, kippt sie uns glatt noch um.«

Nachdenklich gucken sie Frau Eule nach, wie sie in den labyrinthischen Tiefen der Waldsonne verschwindet – was Lisa auf eine Idee bringt.

»Du, Oma ...?«, beginnt sie. »Hast du nicht gesagt, dass man hier total toll Verstecken spielen kann?«

»Na ja, ganz genau so war es ja eigentlich nicht gemeint …«, sagt sie und blickt zu Opa.

»Hm, verstecken?«, überlegt er, als seine Augen auch schon lustig funkeln. »Ja, warum nicht!?«

Fredi ist ebenfalls begeistert und bildet ein Team mit Oma, während Opa sich mit Lisa zusammentut.

Wenig später haben Oma und Lisa sich gerade im höchsten Baumhaus der Waldsonne versteckt, und zwar im Festsaal hinter dem Klavier, als plötzlich …

»H… hallo?!«

Verwundert gucken sich Oma und Lisa an. Das war doch nicht Opa, und Fredi schon gar nicht. Vorsichtig lugen sie um die Ecke und trauen ihren Augen nicht.

»Erwin! Beatrix!«, ruft Oma und kommt mit Lisa schnell aus ihrem Versteck hervor. »Was macht ihr denn hier? Ihr müsstet doch längst in der Küche sein.«

Völlig durcheinander gucken sich Beatrix und Erwin um. »Ich dachte, die ist hier«, murmelt Erwin und kratzt sich am Kopf.

»ALSO, GESTERN WAR SIE NOCH HIER, ODER?«, fügt Beatrix unsicher hinzu.

»Wir bringen euch hin«, sagt Oma. »Liegt sowieso auf unserem Weg, stimmt's?«, fügt sie hinzu und zwinkert Lisa unauffällig zu.

Lisa kapiert sofort. »Äh, klar«, sagt sie, während Oma mit dem

Handy Opa anruft. »Schnell zur Küche mit euch«, flüstert sie so leise, dass Erwin und Beatrix nichts mitkriegen. »Wir haben ein Problem!«

Fast ist es, als hätte jemand ein strahlendes Licht in ihren Augen angeknipst, kaum dass Erwin und Beatrix die Küche betreten.

»An die Arbeit!«, grunzt Erwin und Beatrix hat schon die Schürze angezogen.

»Sie haben sich verlaufen«, erklärt Oma draußen. »Wie gut, dass wir sie rechtzeitig gefunden haben.«

Opa guckt auf seine Uhr. »Rechtzeitig? Da habe ich so meine Zweifel.«

Die haben Fredi und Lisa auch – abgesehen von der Frage, ob Erwin und Beatrix überhaupt irgendetwas auf die Reihe kriegen.

Doch dann klappt den Kindern die Kinnlade herunter. Schnell und sicher wuseln Erwin und Beatrix zwischen Herd, Arbeitstresen und Vorratskammer hin und her. Jeder Handgriff, jede Bewegung sitzt.

»HE, NICHT RUMSTEHEN, HELFEN!«, ruft Erwin grinsend, während er in schwindelerregendem Tempo Gemüse schnippelt. Mit Feuerreifer machen sich Oma, Opa, Fredi und Lisa an die Arbeit. Sie bringen Töpfe, holen Zutaten aus der Vorratskammer und machen zwischendurch immer wieder sauber. Alles klappt wie am Schnürchen. Nur einmal muss Opa in letzter Sekunde verhindern, dass Erwin Zucker statt Salz in den Topf schüttet, während Oma Beatrix davon abhält, den Teig zum Ruhen auf die heißen Herdplatten zu stellen.

»Ach ja, was gibt's eigentlich?«, fragt Opa irgendwann.

»Minestrone!«, verkündet Erwin stolz.

»Mine-was?«, fragt Fredi, der das Wort noch nie gehört hat.

»Italienische Gemüsesuppe«, erklärt Erwin. »Wollt ihr probieren?«

Das lassen sie sich nicht zweimal sagen.

»Unglaublich gut«, sagt Oma.

»Die beste Minestrone aller Zeiten«, seufzt Opa und schließt ergriffen die Augen.

»Einfach nur lecker!«, findet Lisa.

»Geil!«, meint Fredi und kassiert dafür nicht mal einen Rüffel.

Erwin strahlt, dass seine Hauer nur so blitzen.

»Und was gibt es am Nachmittag?«, fragt Lisa.

Oma und Beatrix werfen sich einen verschwörerischen Blick zu.

»IST EINE ÜBERRASCHUNG, ODER, BEATRIX?«

»Genau!«, nickt die Wieseldame verschmitzt. »Große Überraschung!«

Die später am Nachmittag dann sogar Erwins Minestrone toppt ... irgendwie jedenfalls. Denn als die Bewohner gespannt in den Speisesaal kommen, liegt überall auf den Tellern schon lecker duftendender ...

»SPEKULATIUS?!«, ruft Fredi.

»Das ist das einzige Rezept, das Beatrix auswendig kann«, flüstert Oma und beißt herzhaft in einen der knusprig-zimtigen Kekse. »Und außerdem: Wer sagt denn, dass man Spekulatius nicht im Juni essen darf? Vor allem so leckeren.«

Und mit dieser Erkenntnis geht schließlich ein weiterer toller Tag für Erwin, Beatrix, Fredi, Lisa, Oma, Opa und alle anderen zu Ende.

DIE FLUGSTUNDE

TIRILILILALI! LALILULI!

Verschlafen schlagen Lisa und Fredi die Augen auf. Was ist das denn für ein Radau?

TRILILOLA! RILILI!

Ah, draußen vor dem Fenster sitzt eine Amsel in der Eiche und flötet eifrig ihr Morgenkonzert. Das jedoch schon im nächsten Augenblick unterbrochen wird, als ...

QUIETSCH! RATTER! RUMPEL!

Beleidigt flattert der Vogel davon.

»Sieht aus, als hätte Frau Eule immer noch niemanden gefunden, der den Fahrstuhl repariert«, grinst Fredi.

Lisa nickt. »Wird echt Zeit, bei dem Gequietsche zerspringen noch die Fensterscheiben.«

Wie sich beim Frühstück herausstellt, sind auch die anderen schwer genervt.

»Mir tun echt schon die Ohren weh!«, grunzt Erwin – nachdem er Fredi und Lisa erst einmal mit »Ich bin Erwin! Ich kann mit den Ohren wackeln!« begrüßt hat.

»Da rollen sich einem ja sämtliche Fußkrallen auf«, keckert Gerti. Bodo und Morton nicken.

Oma und Opa beschließen, nach dem Frühstück noch einmal zu Frau Eule zu gehen.

»Und was machen wir so lange?«, fragt Lisa.

»Baden?«, schlägt Oma vor. »Draußen im Garten im Schwimmteich?«

Das hört sich richtig cool an, finden Fredi und Lisa und gehen schon mal vor, Oma und Opa wollen mit den Badesachen nachkommen. Fröhlich machen sich Fredi und Lisa auf den Weg: biegen rechts ab, links, wieder rechts, stürmen eine Treppe rauf, zwei runter, eine wieder rauf ... und bleiben wie angewurzelt stehen.

»W ... WO IST DENN DER AUSGANG?«, stottert Fredi.

Das würde Lisa auch gerne wissen. Denn an den Korridor, in den sie geraten sind, können sie sich absolut nicht erinnern.

»Och nö«, stöhnt Lisa. »Ich glaube, wir haben uns verlaufen.«

»Braucht ihr Hilfe?«, brummt da eine tiefe Stimme – so dicht hinter ihnen, dass die beiden zusammenzucken. Als sie sich umdrehen, sehen sie eine Helferin – oder Pflegerin, wie sie inzwischen gelernt haben. Es ist eine junge Bärin, bei der sich eine alte Kranichdame untergehakt hat.

»Äh, ja, wir suchen den Ausgang«, sagt Fredi erleichtert.

»Na, dann bringen wir euch doch mal eben hin«, erwidert die Bärin, »oder, Ilse?« Liebevoll tätschelt sie mit ihrer Bärenpranke den Flügel der Kranichdame. »VIELLEICHT FLIEGEN DANN AUCH DEINE TRÜBEN GEDANKEN WEG!«

Traurig nickt Frau Kranich. »Ich könnte den ganzen Tag weinen«, schluchzt sie und dann kullern tatsächlich ein paar Tränen.

Plötzlich summt die Uhr am Handgelenk der Bärin. »Oh!«, ruft sie. »Herr Seehund kommt nicht mehr allein aus seiner Badewanne. Ich muss sofort los!« Sie will gerade losdüsen, da ruft sie noch: »Könnt ihr bitte kurz bei Ilse bleiben? Bin gleich wieder da!«

Ehe Fredi und Lisa auch nur Piep sagen können, ist die Bärin schon davongesaust. So schnell, dass der Boden bebt. Ratlos bleiben Fredi und Lisa mit Ilse zurück.

Sag doch was, Fredi!, hallt es in Fredis Kopf. Irgendwas!

Denk nach, Lisa! Denk nach!, hallt es in Lisas.

»W… warum möchtest du denn den ganzen Tag weinen?«, platzt Fredi heraus. Auf der Stelle ärgert er sich über die dämliche Frage. Aber so dämlich ist sie wohl gar nicht. Denn gleich sieht Frau Kranich schon etwas weniger traurig aus. Dann huscht sogar ein Lächeln über ihr Gesicht. »ICH BIN FLUGLEHRERIN, WISST IHR«, sagt sie. »Zu dieser Jahreszeit habe ich den Kranichkindern früher Unterricht gegeben. Das war so schön.«

Oje, gleicht weint sie wieder, denken Fredi und Lisa.

Doch schon legt Frau Kranich den Kopf zur Seite und betrachtet sie hoffnungsvoll –als hätte jemand einen Schalter in ihr umgelegt.

»Seid ihr die Kinder, von denen Frau Eule erzählt hat?«

Fredi und Lisa gucken sich erstaunt an. Und fast gleichzeitig fällt beiden wieder ein, dass die Direktorin irgendwas von FLUGUNTERRICHT schuhut hatte …

»Ja, aber wir sind doch Dachse!«, sagt Fredi und Frau Kranichs Augen glitzern plötzlich wieder verdächtig.

Lisa schaltet blitzschnell und stupst Fredi an. »Klar sind wir das! Das hat Frau Eule uns doch extra gesagt.«

»Stimmt! Wie konnte ich das vergessen!?«, kriegt Fredi noch so gerade eben die Kurve.

»Ausgezeichnet«, gluckst Frau Kranich vergnügt, während sie einen Flügel um Fredi und den anderen um Lisa legt. »Auf zum Flugfeld. Das wird ein Riesenspaß.«

Da sind Fredi und Lisa sich überhaupt nicht sicher. Aber tapfer folgen sie ihr nach draußen zur einer großen Holzterrasse, die in den Schwimmteich hineinragt.

»ZUERST EIN PAAR AUFWÄRMÜBUNGEN«, sagt Frau Kranich bestimmt. »Wir laufen im Kreis und schlagen mit den Flügeln. Und zwar so!« Energisch und hoch konzentriert läuft Frau Kranich los und lässt die Flügel schwingen. »He«, ruft sie dann, »nur vom Zugucken hat noch niemand Fliegen gelernt!«

Gehorsam laufen Fredi und Lisa mit schwingenden Armen los.

»In Ordnung!«, sagt ihre Lehrerin nach einer Weile. »Gar nicht übel. Zeit für den ersten Gleitflug!«

Fredi und Lisa gucken Frau Kranich an, als hätten sich ihre Federn in Spaghetti verwandelt.

»Na schön«, sagt Frau Kranich gedehnt. »Ich mache es mal vor.«

Schon tippelt sie los, breitet ihre Schwingen aus, erhebt sich und segelt über das Wasser, elegant und anmutig.

»Jetzt ihr!«, ruft sie vom anderen Ufer.

»Echt jetzt?«, brummt Fredi. »Was soll's«, kichert Lisa. »WIR WOLLTEN DOCH SOWIESO BADEN. Und Oma und Opa sind auch schon mit den Handtüchern da«, fügt sie hinzu und zeigt auf eine Bank. Dort sitzen nicht nur Opa und Oma, wie Fredi sieht, sondern auch die Bärin. Lächelnd streckt sie ihnen ihren erhobenen Daumen entgegen.

»Na schön«, seufzt Fredi und stürmt los, mit wedelnden Armen und dicht gefolgt von Lisa.

MIT ZWEI MÄCHTIGEN PLATSCHERN PLUMPSEN SIE INS WASSER. Prustend tauchen sie wieder auf.

»Super!«, jubeln Oma und Opa, während die Bärenpflegerin applaudiert.

Nur Frau Kranich ist nicht so begeistert. »Was war das denn?«, trompetet sie. »Gleich noch mal!«

Und so versuchen Lisa und Fredi wieder ihr Glück. Und wieder. Und wieder.

»Hm«, meint Frau Kranich schließlich etwas ratlos. »Ihr Armen! Aber das kriegen wir schon hin! Auch wenn ihr etwas untalentiert und ...«, kritisch mustert sie Fredi, »ein wenig dick seid.«

»Ich bin nicht dick! Ich bin ein Dachs!«, murmelt Fredi. Aber so glücklich, wie Frau Kranich aussieht, kann er ihr nicht böse sein.

»Morgen geht's weiter!«, sagt Frau Kranich. »Um die gleiche Zeit!« Zusammen mit der Bärin zieht sie davon.

Fredi, Lisa, Oma und Opa planschen noch bis zum Mittagessen. DAS MACHT SO VIEL SPAß UND DIE DACHSE LACHEN UND JUBELN UND PRUSTEN UND SCHNAUFEN WIE SCHON LANGE NICHT MEHR!

Weil alle etwas müde sind, ist es im Fahrstuhl zuerst ganz still. STILL? Moment mal, denkt Fredi. Dann hat er's. »Das Quietschen ist weg!«, ruft er.

»Tatsächlich!«, sagt Opa und muss grinsen. »Da war Erwin aber schnell.«

»Wieso Erwin?«, fragt Lisa.

»Er ist auch ein geschickter Handwerker«, erklärt Oma: »Wenn man ein bisschen auf ihn aufpasst, jedenfalls.«

»Frau Eule war ziemlich gestresst vorhin«, fügt Opa hinzu. »Der Koch ist zwar wieder da, aber die Hausmeisterin hat sich krankgemeldet. Da haben wir vorgeschlagen, dass Erwin den Aufzug repariert, unter ihrer Aufsicht.«

Beim Mittagessen ist Erwins Tat das Thema und von allen Seiten hagelt es Dank. »SCHON GUT! OINK, SCHON GUT!«, strahlt Erwin, so glücklich, dass er sogar vergisst, mit den Ohren zu wackeln.

Wie jeden Mittwoch findet dann nachmittags im Festsaal der Geschichtenkreis mit Herrn Seebär statt. Kaum hat er Fredi und Lisa gesehen, ruft er laut: »AH, WIE SCHÖN, UNSERE FLIEGENDEN DACHSE SIND AUCH DA!«

Lisa und Fredi werden knallrot. Das hat sich ja schnell herumgesprochen! Und obendrein Herrn Seebär Anregung für eine fellsträubende Geschichte gegeben, wie sich zeigt.

»Wir waren gerade mal wieder in der Südsee und ankerten vor der Insel Wukipipi ...« beginnt er und wird prompt unterbrochen.

»So 'ne Insel gibt's gar nicht«, gluckst Morton.

»Natürlich gibt's die«, antwortet Herr Seebär und rückt würdevoll seine Kapitänsmütze zurecht. »Also, wollt ihr das nun hören oder nicht?«

Selbstverständlich wollen sie und so fährt Herr Seebär fort. »Also, wir ankerten vor der Insel, als plötzlich der König von

Wukipipi an Bord kam und uns bat, seine entführte Tochter aus den Fängen der fliegenden Dachspiraten zu befreien. Natürlich ...«

»F... fliegende Dachspiraten«, prustet Bodo los. »Ich glaub dir kein Wort! Dachse können gar nicht fliegen.«

»Die konnten es eben doch, du Süßwassermatrose«, schnaubt Herr Seebär. »M...mit ... einem bestimmten Apparat.«

»Nee, is klar«, keckert Gerti.

»Doch, doch!«, springt ein Fuchs mit grauen Tasthaaren Herrn Seebär bei. »Ich hab sogar schon 'ne Idee«, fügt er hinzu und fängt eifrig an, was in ein Notizbuch zu krizeln.

»DER FUCHS IST ERFINDER«, flüstert Oma ihnen zu, während Herr Seebär weitererzählt.

Bis die Prinzessin gerettet ist, dauert es wegen etlicher Zwischenrufe und Gekicher ziemlich lange. Aber mit den witzigen Kabbeleien und Herrn Seebärs verrückten Geschichten vergeht der Nachmittag im Nu.

»Das war toll«, kichert Lisa, als sie im Fahrstuhl wieder nach unten fahren.

»Ja, die Mittwochsgeschichte ist echt ein Highlight«, lächelt Oma und wendet sich an Opa. »Stimmt's?«

Doch der schnuppert nur mit gerümpfter Nase in der Kabine herum. »Riecht ihr nichts?«

»Hm«, meint Oma. Ist das … Butter?«

Fredi verzieht das Gesicht. »Aber ganz schön gammlige.«

»OJE«, STÖHNT OPA. »ICH AHNE BÖSES …«

Kurz darauf beim Abendessen stellt sich heraus, dass Erwin den Aufzug tatsächlich mit ranziger Butter gefettet hat.

»Aber warum denn, um Himmels willen?«, fragt Opa ihn am Tisch.

»Na, weil die wegmusste und Butter so schön gelb ist. Wie die Sonne! Ojink! Sonne im Fahrstuhl«, antwortet Erwin – so glücklich, dass niemand mehr was wegen des Buttermiefs sagt.

FLIEGENDE DACHSE UND: WO IST DIREKTORIN EULE?

Was ich gestern schon fragen wollte, Erwin«, meint Oma dann am nächsten Morgen beim Frühstück. »Hat Frau Eule eigentlich gar nichts wegen der Butter gesagt?«

Verwirrt kratzt Erwin sich am Kopf. »W...weiß nicht genau«, gesteht er. »VIELLEICHT WAR DIE AUCH GAR NICHT DA.«

Wie von selbst wandern ihre Blicke zu Frau Eules leerem Stuhl.

»Wenn ich recht überlege ...«, sagt Bodo, »... war sie gestern schon nicht beim Abendessen, oder?«

»Stimmt«, keckert Gerti. »Jetzt, wo du's sagst!«

Anscheinend hat sich das mit Frau Eule auch an den anderen Tischen herumgesprochen. Denn unter leisem Tuscheln schauen die Tiere immer wieder zu Frau Eules Stuhl.

Wie aufs Stichwort kommt in diesem Augenblick eine klapperdürre Marderin hereingetippelt. »HAT JEMAND DIE DIREKTORIN GESEHEN?«, fragt sie nervös.

»Das ist Luise, Frau Eules Vertreterin«, flüstert Oma Fredi und Lisa zu, während die Antworten nur so auf Luise einprasseln: »Nee!« ... »Schon seit gestern Abend nicht!« ... »Wirklich komisch!«

»Der Fall ist klar!«, unterbricht da jemand das Durcheinander. Es ist Harriet. Munter wie ein Flummi hopst sie zwischen den Tischen herum. Fredi und Lisa klappt vor Staunen der Mund auf. Das soll dieselbe Harriet sein, die noch vor ein paar Tagen geweint hat, weil Fredi sie beim *Tier ärgere Dich nicht* rauswerfen wollte?

»Jede Wette, dass die Direktorin entführt wurde!«, verkündet Harriet. »Ich leite sofort die Ermittlungen ein.« Energisch springt sie zum Ausgang, wo sie sich noch einmal umdreht. »ICH LÖS DEN FALL AUF JEDEN FALL!«, ruft sie und ist verschwunden.

»Harriet war mal Detektivin«, erklärt Opa schmunzelnd, als er Fredis und Lisas Blicke sieht.

»Glaubt ihr wirklich, dass Frau Eule entführt wurde?«, findet Fredi zuerst die Sprache wieder.

»Nein«, kichert Oma. »Sie hat bestimmt nur vergessen, Bescheid zu sagen, dass sie irgendwohin muss oder so.«

»Ist doch super, dass Harriet jetzt eine Aufgabe hat, die ihr Spaß macht«, findet Gerti und da müssen ihr alle recht geben.

Nach dem Frühstück ist dann wieder Flugstunde bei Frau Kranich.

»Guten Morgen, guten Morgen, ihr Lieben«, begrüßt sie Fredi und Lisa und macht vor Aufregung ein paar Hüpfer. »Heute wird bestimmt der Knoten platzen!«

Doch das Einzige, was dann platzt, ist ihre gute Laune. DENN TROTZ ALLER TIPPS PLUMPSEN LISA UND FREDI NATÜRLICH WIEDER UND WIEDER INS WASSER. Immer länger wird Frau

Kranichs Gesicht. »Jetzt taug ich nicht mal mehr als Lehrerin«, murmelt sie mit hängenden Flügeln.

»Kein Grund, den Kopf hängen zu lassen«, sagt plötzlich jemand. Es ist der Fuchs. Er trägt ein strahlendes Lächeln im Gesicht und in den Händen ... zwei komische Dinger. Ein wenig sehen sie wie die Drachen aus, die Fredi und Lisa letzten Herbst in der Kita gebastelt haben – nur größer, viel größer. Und statt einer Schnur haben sie vorne zwei Schlaufen, in der Mitte einen Gurt und hinten noch mal zwei Schlaufen.

»ICH BRINGE EUCH DIE LÖSUNG ALLER PROBLEME«, fährt der Fuchs fort.

»W...was ist das?«, schnieft Frau Kranich.

»Meine neueste Erfindung: ein Hilfsmittel, um hoffnungslosen Fällen ...«, verschwörerisch zwinkert Herr Fuchs ihnen zu, »... doch noch das Fliegen beizubringen. Im Prinzip so was wie Schwimmflügel, nur eben zum Fliegen.«

Fredi und Lisa kapieren sofort, was Herr Fuchs vorhat, und nehmen ihm das mit den hoffnungslosen Fällen nicht übel – allein schon, weil Frau Kranichs Augen plötzlich wieder strahlen.

»Erklär 'n Sie mal!«, fordert sie, wieder ganz die energische Fluglehrerin.

»Also«, beginnt Herr Fuchs, »in die beiden vorderen Schlaufen stecken die Schüler ihre Arme ... äh, Flügel, meine ich. Dann ...«

»Schon verstanden«, unterbricht ihn Frau Kranich und wendet sich an Fredi und Lisa: »Dann den Gurt um die Brust schnallen und die Füße in die hinteren Schlaufen stecken. Aber erst nach dem Startanlauf! Linker Flügel nach unten: Linkskurve, rechter nach unten: Rechtskurve, beide hoch: Steigflug, beide runter: Sinkflug. Alles klar?«

»Alles klar ...«, bringen Lisa und Fredi hervor. Da schnallt Frau Kranich Fredi das Flugdrachending auch schon um, während Herr Fuchs Lisa hilft.

»Also«, trompetet Frau Kranich ihre letzten Anweisungen. »Ordentlich Anlauf nehmen, Flügel strecken, kräftig abspringen und gaaanz langmachen. Der Rest kommt von allein.«

Fredi und Lisa sind da nicht so sicher. Aber schon ertönt Frau Kranichs Kommando: »AUF DIE PLÄTZE! FERTIG! LOS GEHT'S!«

Lisa und Fredi stürmen los. Breiten die Arme aus. Während ihre Füße nur so über das Holzdeck trommeln. Und der Teich rasend schnell näherkommt. Und näher. Und ... Absprung!

Natürlich erwarten die beiden, ins Wasser zu plumpsen. Aber schon werden die Flügel von einer sanften Brise nach oben getragen, und ehe sie richtig begreifen, was los ist, gleiten sie über den Teich dahin.

»BOAH«, staunt Fredi. Fast hätten seine Beine ihn wieder ins Wasser gezogen, aber gerade noch rechtzeitig kann er sie in die hinteren Schlaufen stecken. Kurz darauf landen sie sicher auf der anderen Seite. Erst Lisa, dann er.

»War das nicht toll?«, ruft Lisa.

»Hammer!«, grinst Fredi.

»Hipp, hipp, hurra. «, hallt Frau Kranichs Jubelruf über den Teich.

Rasch schnallen sie sich los und laufen mit ihren Drachen zurück an den Start. NOCH EINMAL UND NOCH EINMAL FLIEGEN SIE ÜBER DEN TEICH, während sich immer mehr Bewohner aus der Waldsonne einfinden, um das Ganze mit lauten OHS und AHS zu verfolgen. Als Fredi und Lisa beim letzten Flug vor dem Mittagessen in einer eleganten Kurve sogar wieder zurückfliegen, klatschen alle Beifall und vor Stolz wird Frau Kranich rot wie ein Flamingomädchen.

Bei aller Begeisterung fällt sogar kaum auf, dass es im Fahrstuhl gar nicht mehr nach ranziger Stinkebutter mieft, weil irgendeine gute Seele alles mit Duftsäckchen vollgehängt hat.

Doch dann beim Mittagessen verdrängt ein Thema erneut alles andere, denn Frau Eule ist immer noch verschwunden.

»Nicht, dass sie vor Stress doch aus den Latschen gekippt ist und unsere Hilfe braucht«, meint Oma besorgt.

»Quatsch«, beruhigt Opa sie. »Du kennst sie doch. Weißt du noch, wie sie im Gymnastikraum hinter den Turnmatten spontan zwei volle Tage geschlafen hat ... NACH DIESEM KOMISCHEN POWER-ENTSPANNUNGSYOGA.«

»Stimmt«, lacht Oma. »Da wusste auch keiner, wo sie ist.«

Alle sind wieder etwas beruhigt, vor allem als Harriet beim Nachtisch verkündet, dass sie auf ermutigende Spuren gestoßen ist und nur noch ein paar allerletzte Sachen checken muss.

Doch als sie die dann gleich nach der Mittagsruhe beim Kaffee zeigt, hält sich die Begeisterung in Grenzen.

»Äh, was ist das denn?«, fragt Morton.

»Na, ein Gebiss und ein Hörgerät, beides alt, den braunen Fleckzähnen und Ohrenschmalzresten nach«, erklärt Harriet. »Hab ich in ihrem Schreibtisch gefunden«, fügt sie hinzu. »Bestimmt ist sie weg, weil sie sich alles neu besorgt.«

»Aber was soll Frau Eule denn mit einem Gebiss? Sie ist ein Vogel«, wendet jemand ein.

»Und nie im Leben braucht sie ein Hörgerät. Die hört sonst doch fast sogar das Gras wachsen «, gibt jemand anders zu bedenken.

»Stimmt«, brummt Harriet und überlegt. »Aber wenn die Sachen nicht ihr gehören, warum liegen sie dann in ihrer Schublade?«

»Ganz einfach«, erklärt Luise. »Weil das Fundstücke sind.«

DIESE PLEITE MUSS HARRIET ERST EINMAL VERDAUEN. »Äh, na gut«, meint sie dann und lässt entschlossen die Faust in die offene Hand klatschen. »Trotzdem sagt mir mein Backengefühl, dass ich nah dran bin!« Entschlossen stapft sie davon.

»Meint ihr, sie findet Frau Eule?«, fragt Fredi leise.

»Oder, dass sie von selbst wiederkommt?«, fügt Lisa hinzu, was ihr auf einmal viel wahrscheinlicher vorkommt.

»Keine Ahnung«, seufzt Oma. »Aber langsam wird's echt komisch.«

»Find ich auch«, murmelt Opa nachdenklich. »Find ich auch.«

HARRIET LÖST DEN FALL

Als Frau Eule am nächsten Morgen immer noch wie vom Erdboden verschluckt ist, wird allen so mulmig, dass Luise sogar die Waldpolizei ruft.

Durchs Fenster beobachten Lisa und Fredi, wie Harriet unverdrossen weitersucht. Diesmal hat sie eine dicke Lupe vor dem Gesicht, mit der sie um die Waldsonne pirscht und aufmerksam ins Gras späht.

»Hm, sieht aus, als hält ihr Backengefühl sie immer noch auf Trab«, brummt Fredi.

»Vielleicht bringt es ja diesmal was«, seufzt Lisa. Aber sehr überzeugt klingt das nicht.

Zum Glück sorgt der Flugunterricht für Ablenkung. Dieses Mal fliegt Frau Kranich sogar mit, um ihnen Tipps zu geben. Eine ganze Weile sind sie zusammen in der Luft, lassen sich von warmen

Winden in die Höhe und von kühlen in die Tiefe tragen, bis Frau Kranich das Zeichen zur Landung gibt.

»Das war super, Frau Kranich!«, ruft Lisa.

»Wahnsinn«, schwärmt Fredi. »Danke, Frau Kranich.«

»Nichts zu danken«, strahlt ihre Lehrerin. »Ich fühle mich glatt zwanzig Jahre jünger.«

Doch plötzlich – als würde sich eine Wolke vor die Sonne geschoben – erlischt ihr Strahlen. »OH, MIR IST SCHWINDELIG«, haucht sie und sackt zusammen.

Zum Glück fängt die Bärin, die Frau Kranich immer begleitet, sie in letzter Sekunde auf und führt sie zu einem Rollstuhl. »Wie gut, dass ich den dabeihabe«, brummt sie. »Als hätte ich's geahnt.« Vorsichtig hilft sie Frau Kranich in den Rollstuhl. »Ihr seid toll geflogen, und Sie erst, Frau Kranich«, fährt sie fort und streichelt ihr über die Wange, worauf Frau Kranich schon wieder ein mattes Lächeln zustande bringt. »Aber das nächste Mal bitte nicht mehr gleich bis in den Weltraum«, fügt die Bärin hinzu. »Das ist nun wirklich zu anstrengend.«

Da es für Frau Kranich höchste Zeit wird, sich auszuruhen, verabschieden sich die beiden.

»Puh, bin ich froh, dass es ihr wieder ein bisschen besser geht«, seufzt Lisa.

Fredi nickt. »Ist schon krass«, überlegt er. »Die Alten haben manchmal Sachen drauf, dass einem die Spucke wegbleibt, und dann ...«

»Ich weiß«, sagt Lisa. »Und dann brauchen sie plötzlich so viel Hilfe wie ein Baby.«

Schweigend sehen sie zu, wie die Bärin Frau Kranich davonschiebt.

»Weißt du was?«, flüstert Fredi schließlich.

»Was denn?«, fragt Lisa.

»Lass uns lieber immer gut auf Oma und Opa aufpassen.«

»Gute Idee«, meint Lisa. Dann machen sie sich auf den Weg zurück in die Waldsonne. Aber sie sind noch nicht weit gekommen, als sie etwas hören. Rufe! Leise und unheimlich schallen sie durch den Wald.

»...EFE! ...EFE!«

Wie erstarrt bleiben sie stehen.

»Was war das?«, fragt Fredi.

»Keine Ahnung«, erwidert Lisa. »Los, sehen wir nach!«

Rasch folgen sie der Stimme. Wie sich herausstellt, kommt sie von der Rückseite der Waldsonnen-Eiche.

»HEHFE! HEHFE!«, hallt es ihnen lauter entgegen.

»Sag mal, klingt das nicht wie HILFE?«, ruft Fredi und flitzt auch schon los. Lisa ist ihm dicht auf den Fersen.

Sie haben den mächtigen Baumstamm noch nicht ganz

umrundet, als Fredi eine Vollbremsung hinlegt und Lisa glatt in ihn hineinläuft.

Fredi will schon »AUA, PASS DOCH AUF!« oder so was rufen, als ihm der Mund wieder zuklappt. Und auch Lisa hat es glatt die Sprache verschlagen. Denn aus einem offenen Altpapiercontainer lugen zwei zappelnde Beine heraus … Hamsterbeine.

»HILFE! HILFE!«, ertönt es aus dem dunklen Inneren.

»Mensch, das ist Harriet!«, ruft Lisa aufgeregt. »Schnell, hilf mir mal!«

Ächzend zerren, ziehen und hieven die beiden, was das Zeug hält, bis Harriet wieder wohlbehalten auf dem Waldboden steht.

»Puh!«, schnauft die alte Hamsterdame erleichtert. »Beinahe wäre ich ganz reingepurzelt. Danke!«

»Äh ... keine Ursache«, sagt Fredi. »Aber was wolltest du da drin eigentlich?«

»Spuren suchen«, erwidert Harriet, als wäre das so was von selbstverständlich.

»Spuren?«, wiederholen Fredi und Lisa verblüfft.

»Na, im Müll findet man häufig die besten Hinweise. Das weiß doch jede Detektivin«, erklärt Harriet.

»Und? Hast du welche gefunden?«, fragt Lisa gespannt.

»Nein«, flüstert Harriet und lässt den Kopf sinken.

»Und was ist das?«, fragt Fredi und zeigt auf einen Zettel, den Harriet im Eifer des Gefechtes in den Pfoten behalten hat.

»Auch nur Müll«, murmelt Harriet und will den Zettel schon zurück in den Container schmeißen.

»Moment, nicht so schnell«, ruft Lisa. »Guck doch erst mal, ob was Wichtiges draufsteht.«

Es ist ein Brief. Angestrengt starren Fredi und Lisa ihn an. Verflixt! Wenn sie nur schon lesen könnten!

Aber zum Glück kann Harriet das natürlich, die plötzlich wieder putzmunter wird. Mit zittrigen Pfoten fängt sie an zu lesen.

»Gibt's ja nicht«, flüstert sie.

»Was denn?«, drängen Lisa und Fredi.

Strahlend liest Harriet vor:

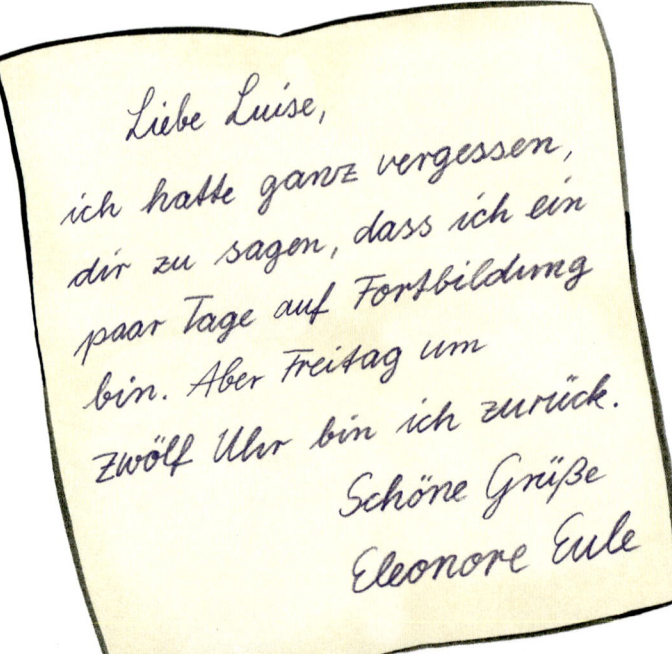

Liebe Luise,
ich hatte ganz vergessen, dir zu sagen, dass ich ein paar Tage auf Fortbildung bin. Aber Freitag um zwölf Uhr bin ich zurück.
Schöne Grüße
Eleonore Eule

Lisa und Fredi lachen erleichtert los. Also hat Harriet den Fall tatsächlich gelöst ... irgendwie jedenfalls.

»Klasse, Harriet«, jubelt Lisa.

»Super!«, freut sich Fredi. »Das erzählen wir gleich den anderen.«

ALS DIE DREI IN DIE WALDSONNE KOMMEN, HERRSCHT EIN RIESENCHAOS. Mehrere Tiere sind da, auch Oma und Opa, zwei Wildschweine in Polizeiuniform, Luise und – mit einem Koffer in der Hand: Frau Eule, die aussieht als wäre sie in einem falschen Film.

Bis in dem Durcheinander alles geklärt ist, dauert es ein bisschen. Doch dann steht fest: Frau Eule hatte – aus Schussel – den Brief zwischen Bergen von Papier auf ihrem Schreibtisch liegenlassen. Woraufhin Luise ihn beim Aufräumen – auch aus Schussel – auf den Boden fallen ließ und dann – aus Oberschussel – in den Papierkorb pfefferte. Den sie im Container entleerte, wo Harriet in Aktion trat. Womit nicht nur der Fall gelöst, sondern auch bewiesen ist: Vergesslichkeit und Schussel kommen auch bei jungen Tieren vor!

Damit reicht es eigentlich mit den Aufregungen, finden sogar Fredi und Lisa. Doch kurz bevor der Tag zu Ende geht, kommt Waldpostbotin Ophelia noch mit einer Nachricht angeflattert – einer, von der Lisa und Fredi zu ihrer Überraschung nicht recht wissen, was sie von ihr halten sollen:

> Onkel Dedis und Tante Bibis
> Dachsbau wieder wie neu!
> Kommen morgen Mittag.
> Freuen uns auf euch. ♡
> Gruß und Kuss von Papa und Mama!

ALLE GEBEN IHR BESTES ODER: DAS GROSSE ABSCHIEDSFEST

Noch vor ein paar Tagen hätten Fredi und Lisa sich über so eine Nachricht total gefreut. Aber nun? Natürlich sind sie froh, Papa und Mama wiederzusehen. Aber nach einer tollen Woche fällt der Abschied von Oma und Opa ganz schön schwer – und natürlich von ihren neuen Freundinnen und Freunden: Frau Kranich, Erwin, Harriet und allen anderen.

Wie sich beim Frühstück herausstellt, hat sich schon herumgesprochen, dass heute Fredis und Lisas letzter Tag ist. Und weil viele die beiden am liebsten gar nicht mehr gehen lassen würden, hat sich Direktorin Eule zum Trost etwas ganz Besonderes ausgedacht.

»HU-HU«, macht Frau Eule und steht auf. Damit wirklich

alle mitkriegen, dass sie etwas Wichtiges zu sagen hat, klopft sie mit einem Löffel gegen ihren Kaffeebecher. »Bitte alle mal herhören«, sagt sie. Schlagartig verstummen das Gemurmel und Geschirrgeklapper. »Fredi und Lisa werden uns heute verlassen und ...«

»Voll blöd!«, grunzt Erwin da.

»Aber die kennen längst noch nicht alle Tricks!«, trompetet Frau Kranich.

»Und wer spielt dann mit beim großen TIER ÄRGERE DICH NICHT?«, fragt Harriet empört.

Auch die anderen Bewohner sehen irgendwie traurig aus, allen voran natürlich Oma und Opa, die die Kinder fest umarmen.

»... und weil sie uns, wie man sieht, so ans Herz gewachsen sind«, huhut Frau Eule fort, »FEIERN WIR EIN ABSCHIEDSFEST!«

»Mit Ohrenwackelwettbewerb?«, ruft Erwin über den Jubel hinweg.

»Und Picknick draußen unter der Eiche«, schlägt Harriet vor.

»Und einem Flugshowfinale?«, ruft Frau Kranich.

DIE BEGEISTERUNG KENNT KEINE GRENZEN. Alle machen sich an die Arbeit und geben ihr Bestes. Während die Vorbereitungen in der Küche auf Hochtouren laufen, lässt Frau Eule Tische und Bänke nach draußen bringen und Laternen an die Eiche hängen – für später, wenn es dunkel wird.

Als Mama und Papa kommen, machen sie große Augen.

»WOW!«, staunt Papa nach einer langen Umarmung.

»Ihr kommt gerade richtig zum Abschiedsfest«, grinst Lisa.

»Hallo, ich bin Erwin. ICH KANN MIT DEN OHREN WACKELN!«, sagt da plötzlich jemand.

Papa bringt nicht mehr als ein »ÖH« raus.

»Einfach normal sein«, flüstert Fredi.

»Oh, ja super«, sagt Papa zu Erwin, dankbar für Fredis Tipp. »Ich bin Kurt.«

»Und ich Hedwig«, meint Mama. »Ich kann auch mit den Ohren wackeln. Guck mal!«

Beeindruckt guckt Erwin Mama beim Ohrenwackeln zu.

Und dann beginnt die coolste Party, die Lisa und Fredi je erlebt haben! Mit leckerem Essen, Ohrenwackelwettbewerb und einer Dachs-Flugshow, die Papa und Mama umhaut.

»Oje, oje«, stöhnt Mama ungläubig. »Die fliegen ja …«

»W…WAR DAS ETWA EIN LOOPING?«, fragt Papa erstaunt.

Nach der Vorführung ist Frau Kranich zufrieden – aber auch ein bisschen traurig. Wen soll sie denn jetzt unterrichten?

Zum Glück haben Fredi und Lisa eine tolle Idee.

»WIR KOMMEN EINFACH MIT UNSERER KITA-GRUPPE ZUM FLUGUNTERRICHT!«, meint Fredi. »Das wird bestimmt lustig.«

Frau Kranich strahlt und auch Frau Eule ist begeistert.

Dann wird so lange gefeiert, gegessen, getanzt, gesungen und erzählt, bis die Sterne am Himmel funkeln.

»Zeit, sich zu verabschieden«, gähnt Papa

KNACK, macht es laut, als Opa sich müde von der Bank erhebt.

»Nur die Sehnen«, schmunzelt er, weil Lisa und Fredi ihn besorgt angucken. »Völlig normal. Wir sind halt ALTE KNACKER.«

Grinsend sehen sich Fredi und Lisa an.

»Denkst du, was ich denke?«, meint Fredi dann.

»Glaube schon«, meint Lisa

»Und das wäre?«, fragen Mama und Papa.

»Dass alte Knacker ziemlich toll sind«, ruft Lisa und dann müssen alle lachen.